L'IMPARTIAL,

RÉPONSE

A M. DE CHATEAUBRIAND

SUR LA BROCHURE INTITULÉE :

DU BANNISSEMENT DE CHARLES X ET DE SA FAMILLE.

ARTICLE SUR LA QUASI-LÉGITIMITÉ.

PAR LE SOLITAIRE DES VOSGES.

La peau de l'agneau est trop courte
on voit passer les oreilles du loup.

DEUXIÈME NUMÉRO.

Paris,

CHEZ GARNIER, LIBRAIRE, PALAIS-ROYAL,

VIS-A-VIS LA COUR DES FONTAINES,

ET CHEZ TOUS LES MARCHANDS DE NOUVEAUTÉS.

1831.

A l'Immortel Béranger,

Favori d'Apollon et des Muses!

Aimable Béranger, c'est aux accords de ta divine lyre que tu rassembles les Tritons et les Faunes, ta souple et harmonieuse voix appelle le concert des anges; nouvel Orphée, les pierres s'amollissent à tes accens, le lion retient ses mugissemens terribles, le tigre devient plus doux qu'un agneau, la vengeance abaisse son glaive acéré, et Jupiter arrête ses foudres vengeresses; tout s'émeut et s'attendrit; le jeune enfant bondit de joie auprès de sa mère, tandis que le fidèle gardien du hameau, l'oreille dressée et la respiration haletante semble craindre que les violens battemens de son cœur ne lui dérobent quelque chose de ce qu'il entend; c'est en ce moment de charmes que le vieux pélerin se met en route; semblable au cèdre du Liban, ses pieds sont vers la terre lorsque sa tête altière paraît menacer le ciel. Son âge, ses longs travaux, sa vaste et profonde science, lui donnent l'air d'un sage; mais la discorde aux aîles tranchantes et rapides se glisse furtivement sous les plis de son long manteau, à la faveur de cet abri tutélaire elle nous dérobe sa tête hideuse; elle seule, au milieu de la joie de la nature ne peut comprendre ton divin langage, elle agite le vieillard, elle s'attache à lui comme la tunique empoisonnée du centaure Nessus;

ij

il cesse d'être lui-même ; le feu qui le dévore trouble
et déchire son cœur, il est venu pour aimer, il ne sait
plus que haïr ; dans le délire d'une fièvre brûlante, il
porte un poignard homicide au sein de sa patrie. Arrête tes accords, brise ta lyre enchanteresse, couvre-
toi de deuil, ô toi qui voyais naître sous tes doigts le
muguet et la rose, le vieux pélerin a trompé ton at-
tente et la nôtre ! Pleurons, nous avons un ennemi de
plus et un sage de moins.

L'IMPARTIAL,

Réponse

A M. DE CHATEAUBRIAND

SUR LA BROCHURE INTITULÉE :

DU BANNISSEMENT DE CHARLES X ET DE SA FAMILLE.

ARTICLE SUR LA QUASI-LÉGITIMITÉ.

Pourquoi, Monsieur le Vicomte, avoir brisé violemment la barrière que vous aviez élevée vous-même entre la jeune France et vos vieux principes de toutes les époques? lors de la publication de votre brochure ayant pour titre : *De la Restauration et de la Monarchie élective*, vous nous menaciez de parler pour la dernière fois sur la politique : c'était de la raison pour vous, mais c'était pour nous du repos inattendu dont nous remercirons sincèrement notre bonne étoile; car à force de le croire et de vouloir faire croire aux autres qu'on est un profond politique, on est par fois brouillon : je crains qu'il ne vienne de vous arriver quelque chose de semblable, ce qui ne reverdirait pas vos lauriers patriotiques, un peu flétris par le voyage sentimental que vous venez de faire (toutes choses demeurant comme elles sont, pour me servir de vos paroles).

Dans tout gouvernement sage, Monsieur, la première, la plus urgente des lois est celle qu'enfante la nécessité; car le repos du peuple, le bonheur des masses veut qu'on ferme hermétiquement la porte à tous les élémens de trouble et de discorde ; cette loi que vous appelez loi de proscription, n'a été proposée que par l'impérieux besoin d'imposer un frein aux ambitions déçues, et maintenant perfides, qui cherchent à agiter la France. Il est donc de la prudence humaine de placer une digue contre le torrent de passions désordonnées qui pourraient faire couler des flots de sang ; ce n'est point nous, Monsieur, qui irons chercher vos idoles pour en faire des victimes à nos trop justes ressentimens ; nous voulons seulement leur prouver que nous nous mettons en garde contre leurs déloyales tentatives, et surtout contre la funeste imprudence de leurs flatteurs et de leurs conseillers ; contre les conseillers qui les poussèrent à saisir un despotisme impossible envers un peuple fier, belliqueux, éclairé sur ses droits et ses franchises.

Mais abordons sans détours les griefs qui nous ont fait éloigner une dynastie qui nous a été si funeste. Certes, ce n'est pas nous qui avons fait le ministère du 8 août ; ce n'est pas nous qui avons dissous les Chambres ; ce n'est pas nous qui, voyant que la nation en masse renvoyait les mêmes représentans, éprouvés d'ailleurs par leur savoir, leurs lumières et leur sagesse, avons trouvé hostile à la royauté une adresse respectueuse remplie de sentimens patriotiques et honorables, adresse qui couvre d'une gloire immortelle les hommes courageux qui l'ont votée ; ce n'est pas nous enfin qui, voyant que ces hommes honorables étaient toujours les mandataires de la nation, leur avons envoyé des lettres closes de convocation, au moment même ou parurent les ordonnances exterminatrices de toutes nos libertés. Veuillez répondre, Monsieur, à cette idée qui se présente à tout esprit réfléchi. Cette convocation, n'a-t-elle pas une parfaite similitude avec les invitations perfides que Catherine de Médicis fit à la no-

blesse protestante pour l'attirer au banquet sanglant
de la Saint-Barthélemy, et les victimes de juillet 1830
n'étaient elles pas marquées comme celles d'août 1572?

Et ne dites pas que nous calomnions ici. Interrogez
votre conscience; elle vous dira qu'après les fatales
journées vous conçutes les mêmes soupçons.

Est-ce à nous, qui sommes les victimes, que vous
venez reprocher de vouloir renouveler des actes de vio-
lence en faisant une loi de proscription contre un enfant et sa mère? non, mille fois non, ce n'est pas pour
les malheureuses illustrations déchues que nous demandons cette loi, c'est contre les hommes qui les
entourent; et si la tempête jetait sur notre plage hospi-
talière ce prince infortuné ou sa mère, nous les resti-
tuerions en silence aux vaisseaux qui nous les auraient
apportés. Voilà les Français d'aujourd'hui, Monsieur,
toutes vos suppositions de cruautés contre la nation
et son prince sont des calomnies gratuites, ce qui vient
d'arriver envers la reine de Hollande et son fils prouve
assez les sentimens de cette jeune France et de son
gouvernement, que vous pouvez calomnier, mais que
vous ne parviendrez point à flétrir, ni à précipiter dans
les excès que vos doctrines subversives voudraient très-
insidieusement lui faire embrasser; car, que veulent
vous et les vôtres, nous faire tomber dans l'anarchie,
pour nous livrer au despotisme, que nous avons vaincu
par notre prudence et que nous voulons tenir éloigné
par sagesse.

Arrivons à une autre question non moins ardue.
Charles X avait-il le droit de donner ce qui ne lui ap-
partenait plus? La Charte avait été brisée par les ordonnances, par la mise en état de siége de la capitale : nul
pacte sans contrat, le contrat rompu par l'une des par-
ties contractantes, l'autre rentre dans la plénitude de
ses droits. Tels furent de tous temps les droits d'un
peuple. Les Écritures-Saintes les plus anciennes, l'his-

toire de toutes les nations, la nôtre, si on remonte au
berceau de la monarchie française, vous enseignent
que le droit sacré, imprescriptible, est celui de se choi-
sir un roi. On voit que dans tous les siècles les peuples, décernant la couronne, ont fixé leur choix sur le
plus brave, sur le plus vertueux, ou sur celui en qui
les affinités de famille offraient le plus de confiance et
de sécurité; or, quel était le prince dont les vertus pa-
triarchales étaient plus éminentes ? quel était le citoyen
français dont la famille présentait plus d'illustration et
plus de garantie pour l'avenir que celle de Louis-Philippe ? En s'arrêtant à ce choix, la France véritable-
ment régénérée a prouvé que les quarante années de
révolution qu'elle vient de subir ont mûri sa raison,
et qu'elle est enfin digne du bonheur que cette régé-
nération politique lui prépare.

Mais continuons: Charles X., couvert du sang de son
peuple, en face des cadavres palpitans, abdique une
couronne qui était tombée de sa tête en roulant sur les
cadavres mutilés de ses sujets; il veut la ramasser souillée et sanglante pour la placer sur la tête de son petit
fils; si ce jeune et malheureux prince eût eu l'âge de
raison, il l'aurait, fesons-lui l'honneur de le croire,
repoussée avec horreur.

Ce n'était donc pas une couronne vide dont il fallait
boucher le trou, encore moins une couronne jetée par
la fenêtre et accrochée à un pavé, comme vous le dites;
c'était une couronne souillée à laquelle personne n'eût
voulu tendre son front, et que personne n'a ramassée
dans la crainte que les souillures ne l'entachassent.
Avec l'ancienne royauté parjure, infidèle à tous ses ser-
mens, le pouvoir de la branche aînée avait été anéanti,
et sa couronne fracassée, il était donc bien imprudent,
ou bien inconséquent, ce Charles X., de nous imposer
ses volontés; pouvait-il, devait-il nous dire, lorsque
tout était rompu entre lui et nous : j'abdique parce que

je n'ose plus vous regarder en face, je vous ai trop offensé ; mais je vous impose mon petit-fils, tout vaincu que je suis, vous êtes ma propriété, et je vous gouvernerai encore sous le nom de l'enfant des miracles. *Peuples d'Ilotes!* croyez-vous que ce miracle n'a pas été fait au profit de ma race ? demandez plutôt au père Rootam. Or, dites-nous, Monsieur, si une telle proposition était admissible après ce qui venait d'arriver? nous étions vainqueurs et les coupables vaincus voulaient nous river de nouvelles chaînes. (Si vous êtes Français) ne sentez-vous pas vos sens se soulever à cette pensée? tout votre être ne se révolte-t-il pas contre cette transgression manifeste des droits des peuples et de leur libre arbitre?

Mais poursuivons : voici un interrègne dans lequel le peuple a ressaisi ses droits ; il se consulte, il s'aperçoit qu'il ne peut se gouverner lui-même et que la république est impossible pour un peuple si nombreux ; il sent qu'il faudra se battre contre l'Europe entière ; il pense qu'il sera vainqueur d'abord et qu'il bouleversera plus d'un empire avant que d'être abattu ; mais à l'aspect des anciens révolutionnaires qui veulent ressaisir le pouvoir, il se rappelle les sanglantes bacchanales et les meurtres sans nombre de 93, ce souvenir soulève toute son horreur et son dégoût, il se rappelle aussi ce que lui ont coûté ses victoires sous la brillante et trop funeste époque de l'empire, il se souvient des deux invasions nées de l'ambition du despotisme ; tous ses essais lui ont tant coûté de sang, de larmes et d'argent qu'il ne veut plus les tenter de nouveau ; et cependant une loi, la plus forte de toutes, celle de la nécessité, le presse d'avoir de nouvelles institutions fondamentales. Le despote s'achemine silencieusement vers Cherbourg, suivi de ses dieux lares ; la raison seule reste à ce grand peuple qui jamais ne se montra plus sage que dans cette occasion où il était environné du chaos; plus de pacte, il est brisé; plus de trône, il est en poudre; plus de couronne, la foudre a tout anéanti; tout doit être réédifié... Les immortels mandataires du peuple sont là : presque tous signataires de la courageuse adresse; ils débrouillent ce chaos; ils refont une Charte; ils choisissent le plus digne en vertus, en naissance, il lui offrent une couronne nouvelle, qu'aucun front indigne n'a polluée, ils lui élèvent un trône neuf, quatre-vingt mille citoyens, l'élite du peuple, reçoivent de ses mains augustes le drapeau gaulois, ils jurent fidélité à ce nouveau et digne père, qui aussi a juré de maintenir les lois, de faire exécuter la justice et respecter la nation; l'universalité du peuple applaudit de la voix et du geste, les adresses arrivent de toutes parts; les puissances étrangères elles-mêmes, rassurées par le caractère d'honneur, de loyauté du nouveau souverain; et par la sagesse du grand peuple, approuvent notre choix, l'envoi de leurs ambassadeurs en est une preuve sans réplique : tout est donc consommé. Que nous voulez-vous, avec le brandon de discorde que vous venez jeter parmi nous?

Je cherche en vain le but réel qui vous a fait écrire de nouveau, je crois l'entrevoir cependant; car en vous suivant pas à pas dans votre inconcevable brochure, on vous trouve réellement l'agent secret de l'Autriche, qui voudrait bien, quoi qu'on en dise, avoir une main mise sur la France. Elle vous a cru assez fin pour déguiser ses desseins et les vôtres; vous êtes venu ici en éclaireur pour tâter le terrain, vous avez pris une route détournée pour vous dérober à nos réflexions; mais que l'on compare vos propositions et vos légitimités que vous mettez en présence, et on reconnaîtra que votre levée de boucliers contre la proposition du banissement des Bourbons n'est qu'un prétexte pour répandre l'éloge de l'élève autrichien, et pour ranimer son parti en France. Si vous vous élevez contre notre choix, malgré l'assentiment général, c'est que vous savez qu'il est difficile de déraciner un arbre entouré de cinq rejetons vigoureux et d'une palissade de trente-deux millions de Français. Pourquoi donc boudiez-vous la légitimité déchue si elle possédait toutes vos adorations? pourquoi vous placiez-vous parmi ses détracteurs? Est-ce lorsque vos écrits n'ont cessé de lui être contraires, que vous devez feindre de prendre sa défense, lorsque vous savez que cette défense est inutile, d'abord parce que vous ne pouvez empêcher une assemblée, sage mandataire du peuple, de pourvoir à son repos et à sa conservation, mais aussi parce que vous ne pouvez ignorer que, tout en repoussant une dynastie funeste, on couvrira d'un opprobre éternel le cannibale qui oserait proposer de répandre son sang; cessez donc vos vaines démonstrations de zèle pour les bannis, car si la loi proposée n'avait pas dû frapper vos deux légitimités, celle des Bourbons déchue n'aurait point ranimé votre verve. Si nous demandons cette loi plus tôt que les Anglais ne la demandèrent, c'est pour éviter de voir couler les flots de sang dans lesquels se noyèrent les prétentions des Stuarts. Vous allez crier à la calomnie! qu'on vous lise attentivement et on sera forcé de convenir que je vous ai bien deviné.

Poursuivons; vous traitez la dynastie actuelle de quasi-légitimité, et vous prétendez qu'elle ne peut durer.

Celle d'Huges Capet n'a-t-elle pas duré jusqu'à nos jours? Ce prince ne reçut-il pas la couronne par l'assentiment du peuple et à l'exclusion de Charles, duc de Lorraine, oncle de Louis V, accusé d'avoir prêté à l'empereur serment de fidélité pour son duché de Basse-Lorraine, et d'avoir porté les armes contre la France? Il n'avait pas, comme la dynastie déchue, fait mitrailler le peuple, cependant les grands et le peuple élurent à sa place Hugues Capet; je ne crois pas

que personne ait jamais regardé cette élection comme
n'ayant enfanté qu'une quasi-légitimité.

Pépin-le-Bref ne fut-il pas élevé aussi par les états
de Soissons à l'exclusion de Childéric III et de Thierry,
son fils? Direz-vous que cette dynastie, qui constitue
la seconde race, n'eut pas une durée raisonnable, et
ne fut aussi qu'une quasi-légitimité?

Donna-t-on à Guillaume et Marie, arrivés au trône
d'Angleterre à l'exclusion de Jacques II et de son fils,
une dénomination aussi odieuse. Le téméraire qui se
la serait permise en face d'un peuple jaloux et fier de
ses droits, aurait pu la payer cher.

Lorsque la dynastie déchue rentra en France, ac-
compagnée des baïonnettes coalisées, quel bien avait-
elle fait? Elle était presque étrangère à la génération
présente; mais la sagesse de Louis XVIII lui réconci-
lia les cœurs. L'on était las, d'ailleurs, du despotisme
militaire, qui est bien, quoique vous admiriez la promp-
titude du grand homme à vieillir sa dynastie, le plus
cruel de tous les despotismes, si l'on en excepte le
despotisme jésuitique. Aussi le Sénat repoussa-t-il,
dans sa sagesse, l'abdication de Bonaparte envers son
fils. Voilà donc encore un prince exclu du trône par
l'assentiment des premiers magistrats de l'empire. Com-
ment se fait-il que Napoléon II, exclu du trône de
France, ainsi que Henry V, soient à vos yeux deux
légitimités, tandis que Philippe 1er, avec ses vertus, sa
naissance, ses droits au trône, et surtout l'assentiment
universel du peuple français et des souverains, nos al-
liés et nos amis, ne soit selon vous qu'une quasi-légitimité? Voilà une hérésie politique, une inconséquence
aussi absurde qu'elle est ridicule, sortie de la plume
d'un historien, commentateur célèbre.

Avouez donc que vous avez pris la plume dans un
but secret qu'on devine à mesure qu'on vous lit. Vous
voudriez abaisser les têtes françaises sous le joug au-

trichien ! Ne vous aurait-on pas promis la grande chambellance de l'empire ? Vous avez admiré à Rome les clés dorées de Saint-Pierre ; n'avez-vous pas quelques velléités d'empocher celles du futur palais impérial ? Répondez, je vous en supplie, à cette nouvelle question.

Votre article sur le changement de race est d'une inconséquence intolérable. Pour que tout ce que vous désirez, ou que vous voulez nous faire croire que vous désirez, fût possible, il eût fallu qu'un roi nous tombât du ciel, ou que nous le fissions venir de la Cochinchine ; par pitié pour nous, soyez donc plus logique, car il vaut encore mieux n'avoir que du gros bons sens comme moi, que d'avoir, comme votre seigneurie, un esprit si brillant, sans une once de sens commun.

Après cette vérité, un peu trop dure peut-être pour vos oreilles délicates, accoutumées à un encens perpétuel, passons plus loin : vous reconnaîtrez, malgré vos impertinentes suppositions, qu'il était possible de trouver dans notre intérieur une famille illustre, respectée par ses vertus, française, chérie, considérée, et obéie, puisque nous l'avons couronnée, et que nous nous sommes placés sous son abri tutélaire.

Quant à votre duc de Reichstadt, qu'a ce prince de commun avec nous ? Toute l'illustration des victoires de son père n'a pas mis dans ses veines une goutte de sang français : Corse par son père, Autrichien par sa mère, ayant leurs injures à venger, instruit, élevé par l'Autriche et les jésuites, on le verrait bientôt repousser les vieux et illustres compagnons de son auteur, et leur reprocher de n'avoir pas versé jusqu'à la dernière goutte de leur sang pour le retenir, l'affranchir et le venger. Si vous ne vous êtes pas fait l'agent de l'Autriche, ne nous forcez pas à réfuter de brillantes absurdités, et conservez pour une meilleure cause votre inimitable phraséologie.

Vous le savez, Monsieur, Homère sommeilla quelque

fois, et il fallait que vous fussiez même tourmenté par le cauchemar, lorsque vous avez écrit que la monarchie élective avait jusqu'à ce jour peu honoré le drapeau dont elle s'est parée; ne fallait-il pas, à votre sens, pour honorer le drapeau national, faire une guerre exterminatrice à tous les peuples, ébranler toutes les dominations, reprendre les anciennes conquêtes qui nous ont coûté tant de sang, de larmes et d'argent, conquêtes qu'il a fallu rendre, et qu'en définitive il faudrait restituer de nouveau? Mauvais citoyen que vous êtes! votre haine pour notre belle patrie perce à chaque mot de cet article. Du sang, toujours du sang, et le plus pur, le moins vicié par l'âge et la corruption est celui qui tente votre soif! Nos jeunes phalanges, sacrifiées pour une vaine gloire, dont on nous a rassasiés jusqu'à satiété, devraient-elles, comme leurs devancières, devenir la proie de l'insatiable ambition d'un conquérant? A Dieu ne plaise! Louis-Philippe est français (il est la chair de notre chair, les os de nos os), il saura faire respecter sa patrie; mais il épargnera le sang de ses enfans; voilà comme il se couvrira d'une gloire impérissable. Non, non, point de guerre de propagande, nulle guerre d'ambition; car lorsqu'on veut conserver son bien, son honneur et sa gloire, il faut respecter le bien d'autrui. Mais, si jamais des ennemis injustes et audacieux voulaient souiller notre sol natal, on connaîtrait alors ce que vaut le bras du héros de Jemmapes, menant à la défense de notre territoire nos guerriers jeunes et vieux. Notre coq gaulois, s'il est moins féroce que votre aigle rapace, est plus vigilant, et sa voix amie nous tient bien éveillés contre les trompeurs, les traîtres, les fauteurs de troubles et de discordes, qui, ne pouvant régenter à leur convenance notre beau pays, voudraient l'asservir à la domination étrangère.

Vous voudriez, dites-vous encore, pour asseoir no-

tre révolution ; que le peuple fût convoqué *ad hoc.*
Mais en vérité, Monsieur, où est donc votre tête?
Le peuple a fait sa révolution lui-même parce qu'on
a voulu l'avilir dans ses représentans, froissé dans
ses lois fondamentales. Puisqu'il a couronné l'œu-
vre, a-t-il besoin de s'appeler pour savoir s'il a bien
ou mal fait. N'est-il pas représenté tous les jours
par les hommes honorables auxquels il a confié ses
intérêts? Ces hommes sont de son choix; personne
n'a influencé sa conviction, le système électoral n'a
point été froissé comme sous le beau régime que vous
avez l'air de regretter tant, et que nous, gens amis de
notre pays, nous sommes très-heureux d'avoir vu dis-
paraître.

Mais où vous emportent votre aveuglement et votre
haine; nous avons tué et proscrit en 1830, dites-vous
aussi! Qui avons-nous *tué*, dites? Lorsque nos bour-
reaux souillaient encore notre territoire, nous pouvions
tout : avons-nous seulement sali notre pensée de l'af-
freuse idée de faire couler un sang que la plus cruelle
félonie aurait pu rendre odieux ?

Ah! n'ajoutez pas l'outrage à la cruauté de vos idoles.
Ils se sont couverts d'opprobre par leur férocité ;
nous nous sommes couverts de gloire par notre modé-
ration. Loin de rouvrir des blessures encore saignantes,
efforcez-vous de nous faire oublier ces momens d'af-
freuse mémoire; employez votre beau talent à nous
peindre tels que nous sommes, vertueux et français.

Je le répète, cette loi préventive que nos législateurs
demandent dans leur sagesse, est une loi plus favora-
ble aux bannis qu'à nous; car leur crédulité, trop sou-
vent flattée par l'ambition de leurs alentours, les expo-
serait à tenter des choses qui pourraient leur devenir
plus funestes encore qu'au pays qu'ils viendraient trou-
bler. Il y a donc une véritable humanité à imposer un
frein à des passions desordonnées, lorsqu'elles ont pour

but de déchirer le sein de la patrie et d'exposer des imprudens.

Des cinq propositions que vous mettez en regard, Monsieur, nous avons sagement constitué et choisi la meilleure, et nous avons perpétué la dynastie dans la branche cadette, en plaçant la couronne sur la tête de Louis-Philippe.

Ce serait le cas de dire : *Aux derniers les bons.* Cet axiome, tout vulgaire qu'il pourra paraître, n'en est pas moins très-bien ici; car il servira à vous mettre quelques instans d'accord avec vous-même, puisque nous avons fait une des cinq choses que vous voulez bien accorder, et dire que nous pouvions faire, et que nous l'avons faite en faveur d'un prince dont vous êtes forcé d'admirer les vertus.

Je ne m'arrêterai pas à réfuter votre article sur la république; j'observerai seulement deux choses, ce qui prouve que vous ne savez pas ce que vous souhaitez le plus, d'une restauration impériale, d'une république, ou du retour de l'ancienne dynastie. Vous feignez de vouloir de tout, sauf de la maison régnante.

Et pour parvenir à vos fins, vous nous lancez votre brochure, véritable brandon de discorde. Pourquoi le salut de mort à cette France, qui vous tend les bras en mère tendre? Si vous veniez pour déchirer son sein, pour ranimer tous les partis, pour les mettre en présence avec vos brillantes théories, vous eussiez mieux fait de vous tenir éloigné d'elle; car en vous asseyant au banquet paternel, on pourrait croire que vous espériez y trouver le repas d'Atrée et de Thieste.

Dans votre dernière brochure, Monsieur, vous avez marché d'inconséquence en inconséquence, vous ne vous apercevez pas qu'en voulant flétrir la royauté actuelle, vous faites son plus bel éloge; vous reconnaissez qu'elle n'avait point de parti à elle, tandis que la république, Napoléon II, Henri V, avaient chacun le leur. Cependant la royauté d'août a surgi tout d'un coup au milieu de toutes ces factions. Il faut donc reconnaître que les vertus bien connues du prince lui ont valu les suffrages spontanés et universels dont il a été l'objet immédiat.

Je m'arrête; l'indignation surabonde malgré moi. Le mieux que vous pourriez faire serait de désavouer cette brochure infernale, où vous vous en prenez à tout ce qui est respectable; car ce n'est pas seulement la royauté nouvelle que vous y insultez, c'est la Nation toute entière, c'est la Patrie que vous cherchez à flétrir. Dieu vous le rende.

Je répondrai dans un prochain numéro, monsieur, sur ce que vous nommez la paix à tout prix, et l'avilissement de la France, le délabrement, l'abandon, le désarmement des places fortes, la désorganisation totale de l'armée, l'épuisement du trésor, voilà ce que nous a légué, en nous faisant ses adieux meurtriers, notre légitimité déchue. Oui, nos plaies étaient saignantes, force a été de les laisser voir; maintenant qu'on vienne insulter cette jeune France, entièrement régénérée, et vous verrez ce qu'elle peut et ce qu'elle saura faire.

D. B.

IMPRIMERIE DE CARPENTIER-MÉRICOURT, RUE TRAÎNÉE, Nº 15.